Formas de ser
un paisaje

Norberto García Hernanz

Formas de ser un paisaje

Isla *del náufrago*

Euritmia Poesía
Segovia, 2024

Formas de ser un paisaje

© Norberto García Hernanz: texto e ilustraciones interiores
© @sonrisas_de_la_calle / Estefanía de la Calle: Foto autor
© A.C. Isla del náufrago de la presente edición
ISBN: 978-84-947089-9-2
Depósito legal: SG 71-2024
Diseño Colección: Mariano Carabias María
Edita: AC Isla del Náufrago
C/ Madrona, 13 40002 Segovia (España)
www.isladelnaufrago.com
Email: isladelnaufrago@gmail.com
Imprime: Safekat

Impreso en España / Printed in Spain

«...hacia un dentro sin fondo
que se abre en uno mismo».
Lorenzo Oliván

La naturaleza sólo admite **afecto**,
nunca lo da.

Por eso aunque observes reverdecer sus prados,
sus flores nuevas habitar abril
o huir los neveros de la sierra,
no esperes que te devuelva
ni un trozo de tu mirada.

Píntate a cambio un cuadro
de su ser desnudo:

Aquel que harías de ti
si fueras paisaje.

Nota la emoción de la tinta
que entierra tu semilla
para eclosionar más tarde
hecha poema y dibujo.

Cierra luego el cuaderno
delicadamente.

Él tampoco da afecto
pero lo guarda.

De Tierra

No es detener el instante lo que vale,
sino vivir siempre
dentro del único momento.

La **circunstancia**
fue capaz de descubrirse una vez
y de llamarse "yo" a sí misma.

Luego contempló lo ajeno
y le puso como nombre "lo demás".

Equivocadamente,
hizo prescindibles sus paisajes exteriores.

El octavo día
amaneció después.

Me pregunto en esta tarde fría y gris
el porqué del tacto suave de la lana
y a qué antiguas experiencias nos retrae.

Por el gen que ha preservado tantos siglos
la querencia a dar abrazos como osos
y a rozarnos para así burlar los miedos.

Puede ser que la distancia entre el terror
y la blanda sensación del terciopelo
sea corta y necesario agigantarla.

Puede ser, ante lo extraño de este mundo,
conveniente el aferrarse a lo mullido
y encontrar casa y refugio en los **peluches**.

Me interrogo más que nada por el hecho
de volver a ver los rostros por las calles
tras los días prolongados de pandemia.

Por el tímido mostrarnos indefensos
sin la muda mascarilla por las plazas.

Por el cálido acercarse nuestras pieles.

Por el cómo de volver a ser normales.

Para darse la calidez del encuentro
no era precisa su existencia,
pensó el **poeta**,
sino tus ojos leyendo los versos
de otro tiempo y otro espacio.

Por ello,
por ser consciente
de la extraña y entrañable conexión,
sentado en un banco de un parque
sonríe, sonreía, una mañana
admirado de ser y de darse
aquí mismo y ahora,
allí mismo y entonces.

Segovia-Chamartín,
nieve en los cristales,
frío en los andenes.

Si alguien descendía no era yo.

Mi juventud usaba el billete completo.

Dentro, pasada la sierra, amanecía,
fuera, la Nada, bailando en la cellisca,
pertenecía a la ausencia y a la noche.

Aún estuvimos mucho tiempo todos
montados en el mismo tren.

Luego empezamos a observar los **descensos**.

A echar de menos para siempre a tantos.

Hay un día de mañana,
lugares donde ir,
horizontes que superar, dicen,
para esparcir el alma.

Pero también es cierto el **interior sin tiempo**,
el aquí invariable y la línea fronteriza protectora
que no es bueno traspasar.

Para disfrutar el viaje es necesario
no irnos de nosotros,
no abandonarnos a ninguna suerte,
no prescindir jamás de aquella parte
de la noche inmóvil
que vienen las ciudades a visitar
mientras dormimos.

No es opción cansarse.

Mucho menos darse al abandono.

Por las veredas de estos predios de a diario
mejor avanzar, incluso a rastras.

Ser **objetivo** de estos pasos
los propios pasos al darse.

Buscar impenitentes la meta
y encontrarla
                sin salir de aquí.

He ahí la intimidad de los **aseos**
guardando tu indefensión y voluntad,
mientras acicalas, frente al espejo,
futuros que esperan fuera en tálamos o cadalsos,
citas a ciegas o de luz, con aplausos, abucheos,
gozos que compartir, problemas que dilucidar.

Aún a tiempo de enlentecer el recorrido del
                                    cerrojo
mides los pasos, palpas la nada,
acaricias las bambalinas de tus decorados.

Luego pasas a ser aquel que toca
-ya no eres tú-
surges de dentro,
sales.

Estaba en esa época de la vida, cuál era:
los cincuenta, los treinta, los setenta…
¿Cuál era?

Lo sabía bien
pero a veces tardaba, al despertar, en recordarlo.

Sufría vértigo su edad desubicada.

Los veinte, los sesenta, los cuarenta,
quizá muriendo o naciendo quizá
o en aquella ocasión ingrávida
sublime y submarina…,
o en trances antiguos de éxtasis o tristeza.

Cuál era pues el caso, cuál la acción,
cuál el instante y el tiempo asignado por la vida
para darse.

Sin calendarios a mano
las **siestas** de verano, ciertamente,
tienen un gran peligro.

A esa gente que observa solitaria el **infinito**
le agradezco su manera de brindarme
compañía en las terrazas.

Sus miradas, amantes de lo lento,
sugieren que la prisa trae desdichas
mientras abrazan la tarde y evitan su derrumbe.

Por si acaso fuera a irse en un descuido
tanta luz acumulada,
levanto la vista del papel
y acabo de escribir el poema en el aire.

Luego cojo mi cuaderno
y sin nadie notarlo,
me voy y me quedo a la vez en el viejo Café,
como la gente que observa solitaria el infinito
traspasándolo y brindando a su manera
compañía en las terrazas.

Te has liado, dijo el dios:

Hay variación
y un antes y un después en cada hecho,
pero aquello que tanto te afecta del ahora
y del instante que se escurre entre las manos,
no debiera preocuparte.

El presente es este siempre que todo lo conjuga
y este siempre, a su vez,
árbol de plenitud donde lo bello de las hojas,
lo flexible de las ramas y el tesón de las raíces,
resultan irrelevantes.

Hay variación, no lo dudes,
pero el **cuándo** es sólo un tiempo cualquiera,
y debes sobrevolarlo sin anidar en él.

Y el dios se alejó circunspecto
mesándose la barba.

Tan fácil superar una **adicción**,
como olvidar el suelo
y convertirte en perpetuo equilibrista.

Aquel afán aéreo
que observe la Tierra desde arriba
sin paradas ni retorno,
reinará sobre la tos y el humo ciego.

Lo difícil, no obstante,
será la posible caída y el golpe,
volver, o no, a levantarte,
el gasto de escaleras y vendajes
que permitan después otro ascenso.

Quizá, si lames tus heridas, te incorporas otra
                                                            vez,
quién sabe,
si escribes tu experiencia en un cuaderno
y dibujas tus abismos,
llegue el día en que no notes
ningún peso de la pértiga en los brazos.

Quién sabe si quizá,
perpetuo equilibrista,
quién lo sabe.

Piensas que sí, pero observa
que no es tan importante el **luego**
como este ahora cuyo flujo
impides que aflore en tu interior,
me digo, tratando de convencerme,
mientras, vacío, experimento el ser externo
de lo que abandonado a mi suerte
se bambolea fuera.

No tanto el luego como este ahora, repito
y lo voy poco a poco comprendiendo
recreándome en la luz de los suspiros que exhalo
en nombre de su resplandor.

No tanto el luego.

Teniendo en cuenta
que lo importante está en entredicho,
contar con lo que sobra no es ni bueno ni malo
pero sí imprescindible.

Miro por eso los objetos
allá donde pierden sus formas
y alcanza el **sinsentido**
la fuerza necesaria para hacerse inteligible.

Contar con lo que sobra
explica mejor de qué va esto,
que el famoso y elocuente
añorar lo que falta.

Alienta más de lo pensado
a las hojas del otoño mientras caen,
ayuda, paciente, a encender
las hogueras del futuro invierno.

Crees conocerte,
pero hacerlo supone
verte desde fuera
como aquel que te excluye.

Parecido a barrer motas de polvo
sin saber cuál es la tuya.

Similar a prescindir de su raíz el árbol,
a no temer su tronco el fuego purificador,
tampoco el **hacha**.

Así de cruel, conocerse;
también liberador.

Por eso insistes.

Llegar, escribirlo y zas.

Y acá en el fondo del instante,
donde la taza remansa el arrobo del día,
humee feliz el café.

Sea yo su **poso**.

En el visitar la **ocurrencia**
ocupamos butaca preferente de clase vip
donde cada presente es estreno de gala
y cada espectador, principal protagonista.

Nunca es tarde para renovar el abono
ni la Sesión Continua repite película.

Referente a respirar,
las palomitas son gratis;
y en cuanto a la trama,
no existen malos ni buenos
ni *espóilers* posibles
que revienten los finales.

Se dan y punto.

Es este el momento adecuado
y el lugar preciso.

Nada, fuera, es más apetecible
que el triunfo de esta intimidad
que reconoce tus méritos
y asigna a cada instante su recompensa.

Llegado el caso, por eso,
que el **mundo** *desconozca tu existencia*
no es para tanto.

Piénsalo, me digo
y así lo hago en el momento adecuado:
en este mismo.

De Agua

Colmo del ser feliz:
Tener capacidad
de darle un beso líquido en la boca
a la última vez de todo.

La vida no es larga ni corta,
sino pregunta gigante que el tiempo se niega a
                                            responder
a golpe de nostalgias y propósitos incumplidos.

Ni constatar el desgaste ni celebrar el tránsito
modificará la urdimbre de su concreción.

Nos queda, sin embargo, el hacerla infinita a
                                            capricho
en el picoteo de los gorriones, en los reflejos de
                                            los charcos
que dilatan alegres el día como bendita ausencia
                                            de deseo.

De aquella acendrada **desafección** vendrá luego
                                            dado
su tamaño exacto.

Que los **paisajes** se explican a sí mismos
queremos creer,
pero si no los vemos, no existen.

Como una lágrima curva la recta,
se disipan frágiles y a veces dudan de su existencia
incluso mirándolos.

El pasar de cada día
es robo y es regalo inexplicado a partes iguales.

Mientras al nada tener se va el todo añadiendo,
aquello que poseemos, poco a poco se nos
                                        marcha.

Discurre, pues, como le da la gana,
en un **runrún** constante e indefenso,
con billete de tren, en el bolsillo,
de origen y final desdibujados.

Discurre, pues, a su gusto,
en el preciso traqueteo de un preciso vagón
con lluvia intensa fuera y vaho en los cristales.

De aquella agresión que supone el Mundo,
máquinas de defendernos somos.

Para hacerlo de la lluvia, inventamos paraguas
o nadamos decididos en sus charcos por contra.

Para hacerlo de la pena, acudimos al suicidio
o también, y más nos vale,
a la preciada **autoestima**.

Para hacerlo de la muerte,
le damos a la vida eterna cuerda
o recurrimos al difícil nada ser.

Y así un día y otro día, defensa va y viene,
transcurre la existencia como puede,
a merced del azar,
en perpetua barricada.

No permitas que tu **barca**,
balanceándose en la orilla,
permanezca quieta
imaginando el viaje.

Cualquier día es bueno
para, bogando mar adentro,
visitarte azul.

Y allá la proa decidida
en ausencia de regreso, protegerte
de cualquier sabor amargo.

Soy yo el hombre
que seca las gotas de lluvia
que humectan el banco
y sienta la mañana allá después
para prestarle intimidad.

Aquel que compone
en el centro de la luz tamizada
por nubes tormentosas,
un himno a lo precario del instante mojado.

Luego vuelve a llover
y al **parque** el hombre
le desaparece.

Increíblemente,
he logrado averiguar, poniendo mimo y cuidado,
el lugar donde las olas no emergidas de mar alguno
llegan y rompen y mojan mis piernas sin cansarse,
ni yo de ellas,
en todas partes y a todas horas.

Increíblemente,
con algo de práctica en volver la espalda a los océanos
y negar, tierra adentro, sus colores,
he conseguido por fin no dejar de mirarlos
y ahora se manifiestan constantemente en mí
sus brumas acantiladas,
        sus gaviotas sigilosas,
                sus playas de arena densa.

Increíblemente,
puede llegar, por tanto, julio
y derramarse en la meseta libremente el sol,
que yo estaré dedicado a salpicarme imperturbable
con aquellas delicadas variedades del azul,
saboreando inasequible al desaliento
el abrazo lenitivo de la **sal**.

Entre el nada ocurrir
y la posterior carencia del suceder
establezco mi campamento
y así, a la mañana
no le queda otro remedio
que mostrarse eterna este **segundo**.

Que luego pase el tiempo
y el día acontezca es lo de menos,
si ahora soy consciente
del refrescante y valiente
mojarme los pies sin agua.

Tenía consciencia la ballena
del espacio y el cosmos que lo contiene
y en la creencia de un dios cetáceo,
hacedor de todo,
sentía consumado el tiempo de la plenitud.

Océano va y viene por millones de años
a su imagen y semejanza,
y sin embargo **arpón**.

Cada río que atravieso
es testigo de la anchura de mi cauce
donde el miedo cuchichea a los afectos
los propósitos que incumplo.

Cuanto más poso los pies en el suelo,
peor se equilibra mi alma en los puentes.

No por eso dejaré de visitar la otra orilla en cada
                                                    reto
vadeando la corriente si es preciso
y sumergiéndome hasta el cuello si no hay paso.

Es el ir y aquel dejarse llevar lo que vale y lo que
                                                    evade
y no merece la pena sufrir despedidas a destiempo
siendo sólo una vez, la que en el mar se
                                        desemboca.

Ser río, bien pensado, es ventajoso y entretiene.

Merece la pena **fluir**, a cambio de vivir.

Las veces que deseamos
confundirnos con nuestra sombra y no ser,
para sentirnos buscados y volver luego
a enarbolar el alma, en su punta etérea,
eternamente, la juventud de un cuerpo.

Las veces que tampoco eso deseamos.

Ser **pecio**, sí,
en un mar celeste inundado de sol
así como líquida respiración
regalada y profunda.

Luego, que enero venga.

Quedarse a vivir en los **sueños**
es peligroso y descortés con la vida.

Por eso ellos, acertadamente,
nos despiertan sin excepciones a gritos de realidad,
mientras recuerdan
que somos los mismos que anoche se acostaron
y apagaron la luz.

Nosotros,
cansados de nunca volver al aire del mismo
                                        acantilado
ni a la luz del mismo mar,
a pies juntillas les creemos
y en la almohada repetimos nuestro nombre
para estar seguros de que fuimos alguien
por lo menos hasta ayer.

De aire

¡Ten cuidado!

El gemido del mundo
al colibrí le importa poco.

Sólo tu sabor a néctar
mantiene su interés.

De repente estás a bordo,
personificas el ir y pecas por eso
si, pendiente de tu origen y destino,
no contemplas los paisajes.

Pierdes el tiempo buscando
un billete que no compraste,
el equipaje que nadie facturó,
los mensajes en el móvil antes y después del
vuelo.

Sube, pues, la persiana y saca fotos y fabrica
recuerdos.

Disfruta las ventajas de no haber detenimiento
en este **único trayecto**:
de haber dentro de la vida, vida sobre todo.

Te lo explico mientras me lo cuento a mí.

Antes o después tendrás que sacar del bolsillo
ese mapa de instrucciones que nunca quisiste
desplegar.

Cansado de dar vueltas por tu laberinto
y de encontrar una y otra vez tus propias huellas,
deberás encender la linterna y atreverte a
iluminarlo.

Después,
llegando a la salida,
dudarás si dar un paso más
mientras alguien no te empuje
irremediablemente.

Incluso los que nunca fuimos **paracaidistas**
debemos tener
preparado el salto.

Quizá sigo en la cama soñando que pedaleo,
o los caminos de mi memoria inventan la
madrugada,
o a golpes de voluntad me arrojo al suelo,
me despierto, me aseo y de ciclista me visto.

Es más o menos lo mismo, en cualquier caso,
si el efecto es que yo crea que disfruto y que me
canso
y que regreso y humea ese café sobre la mesa
que a mediodía degusto.

Real o virtual, hoy por lo menos
cuenta conmigo la vida
y yo, leal, lo agradezco.

Basta **creer** que aquí estoy
para incluir mi experiencia
en el libro de los hechos.

Para volar diligente
incluso sin alas.

Como en tantas ocasiones
que llamabas por teléfono a los padres
y estaban
y hablabais animados,
lo haces aún y aún responden.

Ocurre de madrugada
en la caprichosa realidad amable
de los sueños.

En aquella utilidad de lo onírico,
sobre las sábanas,
se siente menos huérfano
cada amanecer con **cobertura**.

Expresando la realidad que dentro aletea
y fuera libera su indefenso pájaro,
van sucediéndose en mí
formas distintas de ser un paisaje.

En contemplar sus nubes inventadas,
aplicar color y perfilar un horizonte
queda justificada la contingencia,
liberado de explicaciones accesorias
mi ser prescindible.

Me veréis, por eso,
dibujar y escribir en un **cuaderno**
hacendoso y decidido.

De vez en cuando sonreír, mientras lo cierro,
observando anónimas
sus tapas.

Los que suelen atribuirse la potestad
de hablar imperativa y necesariamente
en nombre de la vida, la moral o la ética,
de los padres de la patria, del gran poeta,
incluso del dios inapelable que les conduce e
                                                        inspira;
que, a boca cerrada, no aguantan la mirada
lanzada a sus ojos por mi **bondad**, al peso,
son destinatarios de los mudos poemas
que no acierto a escribir.

Que me perdonen por eso.

Cuestión de respirar densamente
evitando la concreción del abismo
que las sombras de un sol tumbado
pretenden agigantar.

Cuestión de librarse del miedo
emulando el vuelo fácil
de aquel ángel que sustenta
la inocencia de los niños.

Cuestión de ser **almohada** atemporal
bajo el vuelo de la luna
que atraviesa la ventana
deshilachando las nubes.

Fácil como mirarte desnudo
cuando te roban la ropa,
difícil como remar
cuando has perdido tu barca.

Dando vueltas y más vueltas al desánimo,
Sísifo aprendió a volar
y a tener la falsa sensación
de sentirse liberado.

En medio de la cuesta llegó,
sin embargo,
el **momento agridulce**
de abandonar la piedra.

He aquí la receta
para blindar un minuto y hacerlo **casi eterno**.

Provocad un temblor, primero,
donde anide su vibración.

Luego extended la mirada o el ánimo,
o lo que tengáis a mano,
hasta que suenen campanillas en el horizonte.

Esperad después que tal suceso
provoque un tsunami de contemplación que os
inunde
y así bien mojados de tiempo inmóvil
enroscad en sí mismos los deseos
y que descansen.

Finalmente aguantad la respiración algo más,
un poco solamente,
y veréis cómo se hace largo aquel minuto
y cómo yo no os mentía:

Dije casi eterno
                y casi eterno fluye.

Veo **ramas** bailar
mientras el viento que las cimbrea
cuenta historias de otoño y futuro ajeno
rociado de incertidumbre.

Aún es verano, cantan sus hojas,
mientras la primera lluvia
resucita charcos en el suelo
que reflejan la decadencia.

Y si el invierno y la desnudez
tienen que darse, no temamos, dicen,
dese el final del asombro si lo desea la finitud
y por encima, puros y nuevos,
vuelen pájaros.

A qué muerte debe ser la **lucha**
para que valga más la redención
y el aprecio ajeno mejor se saboree.

O quizá un poco todo dé lo mismo
y la placidez que la mañana ofrece en los parques
se nos escape de tanto buscar lo que ya poseemos.

Los libros escritos en los pliegues de mis manos
debieran ser suficientes para leer en ellas
la paz que necesita mi ser libre para darse.

A qué muerte pues, la lucha
que más vida pueda darnos
sino ésta que en ausencia de deseos,
de victorias o derrotas,
regalada toma el sol.

Yo respondo que a ninguna.

Ella sola sin llamarla
cuando quiera ya vendrá.

Capaz de resucitarse
una y otra y otra vez a sí misma,
la mañana lo hace aquí de nuevo.

Le doy gracias
por permitirme notar sobre sus alas
la **pura levedad** que omite la finitud.

Aquella que sin caídas
y sin milagros
juega a ser feliz conmigo
un amanecer y otro.

Y así siempre o no,
sin despedidas,
capaz de resucitarse
una y otra vez.

De Fuego

Divide en dos la ocurrencia
cada segundo ardiendo
o es el siempre cuerpo desnudo
y el tiempo su collar de perlas.

Estos paisajes
no están en ninguna parte.

Si acaso dentro de mí,
pero tampoco.

Son simple circunstancia **lábil**.

Vibración ardiendo.

De abandonar el plácido **oasis** que te habita
y dar un paso que al siguiente conduzca,
va esto de moverse y de vivir.

Si además eres capaz
de avistar otros planetas a la puerta de tu tienda,
mejor será el viaje,
más luz te alumbrará.

Será más amable el desierto que transitas
si enciendes una hoguera
y ves reflejada la luna creciente
en una taza de café,
si revisas cada noche
la montura del camello,
si no pierdes de vista
tu Estrella Polar
aunque haya nubes.

Hay un diario y posible resurgir de las cenizas
que el azar ignora.

Vivo aún, por los que ya no están,
deberás insistir en los rescoldos
e inventar la libertad de las **pavesas**
que ascienden en el aire.

De aquella intención,
pájaros nuevos vendrán en ti a posarse,
revoloteando,
desde las ramas muertas.

Nos marca este tiempo exacto
venir de la **vibración**.

Ella consiente en crearnos
repitiendo, imperturbable,
mantras de azar caótico
encaminados al orden.

Hay un ser-no ser, taimado
de cuántica verdad probable
que de vez en vez colapsa,
se hace piel y nos conforma.

Suena entonces allí un beso
de energía desatada
dando lo macroscópico
y permitiendo el amor.

Es el consuelo buscado,
ante el luego diluirnos,
que nos regala la vida
siendo en lugar de no darse.

De allá el logro iridiscente
del parque y los nuevos cantos
afirmando sin reservas
el trinar en los gorriones
y el pulso en la levedad.

Venir de la vibración
nos marca este tiempo exacto.

Deberías ser **capaz**
de observar, al agotarse la luz,
el resplandor del faro
que dentro de ti se enciende.

Fíarte del avance de los pies
acomodándose la costa acantilada
a tus huellas y a tu ritmo.

Si no logras enfrentarte a tus prejuicios
no mereces, tan varado tierra adentro,
que esta ola embravecida te salpique,
ni este vuelo de gaviota te libere,
ni aquel eco de la bruma te responda.

Deberías por lo tanto
ser capaz.

Llegar al lugar
donde nos acoge el abandono,
como quien deja de ser alguien
para verse desde fuera
ignorante, displicente, débil y cansado.

Volver a nosotros después
para contarnos la historia del Ave Fénix
y convertirla en religión sin sacerdote.

Alcanzar por fin, como volcanes,
rescatada de la muerte
la fe en la **ceniza**.

Formas de ser un paisaje de fuego
y no quemarse.

No tiene salida la esfera;
por eso es perfecta:
como la vida sin muerte,
el Cosmos sin exterior
o el bombón sin envoltura.

Redondez del sol amando a fuego lento
la nieve nueva que rechaza
a partes iguales nostalgia y sombra.

Conveniencia del desgaste.

Fruición en el **chupar**.

No es lo mismo quemarse que arder
aunque ambos conceptos
lleven al deterioro.

Quemarse es perderse en la ceniza, sin objetivo,
arder tiende a iluminar y dar sentido
a los versos del poeta.

Tanto solucionan los clavos ardiendo,
que agarrarse a ellos
compensa la **quemazón**.

Ya lo vamos entendiendo.

Quemarse es más como acabarse
mientras que el dulce arder,
alberga esperanza y suele tener llama
y alumbrar.

Calor amable, incluso.

Lo que cuenta no es tanto ir allá
donde dicen que habita la luz del aprecio,
sino llegar acá a encontrar el **fuego**
en que arde mi leña y al cual invito.

Podéis venir si os place
hasta el lugar
donde con uñas y dientes, hasta el rescoldo,
atizo las brasas.

Por lo menos así,
ardiendo junto a vosotros,
me quemo menos.

Índice

Formas de ser un paisaje, nº 3 de Euritmia Poesía, que edita Isla del náufrago, ha sido escrito por **Norberto García Hernanz** y se ha terminado de imprimir en los talleres de Safekat, Madrid, España, en la primavera de 2024, cuando los paisajes nos invitan a ser pletóricos y a respirarlos para que su vida nos ocupe.

www.isladelnaufrago.com